ABÉCÉDAIRE

À L'USAGE

des

ÉCOLES PRIMAIRES,

par M. Bergès.

12.ᵉ Édition.

À FOIX,

DE L'IMPRIMERIE DE POMIÉS FRÈRES, ÉDITEURS.

MÉTHODE

DE LECTURE

SANS ÉPELLATION

ET PAR ÉPELLATION

A L'USAGE DES ÉCOLES PRIMAIRES

PAR M. BERGÉS

CHEVALIER DE LA LÉGION-D'HONNEUR

ANCIEN DIRECTEUR DE L'ÉCOLE NORMALE DE L'ARIÉGE, ETC.

OFFICIER DE L'UNIVERSITÉ.

DOUZIÈME ÉDITION.

A FOIX,

CHEZ POMIÉS FRÈRES,

IMPRIMEURS,

LIBRAIRES-ÉDITEURS.

A TOULOUSE,

CHEZ BOURDIN, LIBRAIRE,

SUCCESSEUR DE G. ANSAS,

Rue des Balances, 7.

— 1855 —

Le présent Abécédaire, prix............. 0 ' 30 <

Le même Abécédaire, imprimé en vingt-neuf tableaux sur papier de couleur, format couronne grande, prix de la collection.......... 2 00

Les mêmes tableaux collés sur carton très fort, prix.................................... 8 50

La deuxième partie de la Méthode, dite *Livre de lecture morale et description du département de l'Ariége*, ayant été revue, corrigée et augmentée, forme deux volumes grand in-12.

Chaque volume se vend séparément.

1er volume. — *Lectures morales*........ 0 80

2e volume. — *Description du département de l'Ariége.*(Ce volume n'est pas encore terminé). 1 30

Sur le rapport de la Commission des bons Livres qui a autorisé l'Abécédaire de M. Bergés et le livre de lecture morale par le même auteur, M. le Ministre de l'Instruction publique a décidé que les deux Ouvrages mentionnés ci-dessus peuvent être colportés et estampillés.

Les marchands colporteurs autorisés doivent présenter ces ouvrages à la Préfecture pour y faire apposer l'estampille déposée entre les mains de M. le Préfet.

Le dépôt de deux exemplaires, voulu par la loi, a été fait au Secrétariat de la Préfecture du département de l'Ariége.

Tout exemplaire non revêtu de notre signature sera réputé contrefait.

Tout contrefacteur sera poursuivi suivant les lois.

AVIS.

On trouve à la Librairie de Pomiés frères, tous les ouvrages en usage dans les Etablissements d'Instruction Secondaire et Primaire du département de l'Ariége.

AVIS ESSENTIEL.

PREMIÈRE PARTIE.

La première partie est composée de 27 leçons imprimées en 28 tableaux, au bas desquels est tracée la marche que l'instituteur doit suivre, soit qu'il adopte la méthode d'épellation, soit qu'il adopte la méthode sans épellation, la seule qui dût être en usage aujourd'hui.

Dans ces tableaux on n'a pas eu la prétention de réunir toutes les combinaisons possibles de syllabes, ni d'aborder toutes les difficultés de la lecture, ni de donner en quelque sorte une nomenclature de toutes les irrégularités de l'orthographe. Il ne s'agit point ici d'un *traité philosophique*. On se propose tout modestement de conduire les enfants par la voie la plus courte, à *déchiffrer* le langage écrit. L'enfant intelligent saura bien lui-même deviner les mots qui présenteront dans leur orthographe quelques difficultés, lorque, quittant les tableaux, il prendra le livre de lecture courante qui leur fait suite.

En traçant la marche à suivre pour apprendre à lire selon la méthode d'épellation, nous n'avons pas eu l'idée de préconiser cette méthode si vicieuse. Notre but, au contraire, comme on le verra facilement, surtout à la 13ᵉ leçon, est de la détruire en en faisant voir les défauts. Si nous ne pouvons parvenir à tirer de cette mauvaise voie les Instituteurs routiniers, nous rendrons au moins à l'enseignement le service d'indiquer le seul mode d'épellation qui soit supportable et en rapport avec la prononciation des syllabes, de là il n'y aura qu'un pas à faire pour arriver à la méthode sans épellation.

1er *Tableau.* Remarquez qu'il y a autant d'inconvénient à appeler les lettres de l'alphabet *be*, *ce*, *de*, etc. que *bé*, *cé*, *dé*, etc. Il faut faire observer que les consonnes indiquent seulement qu'il faut, avant ou après un son, disposer d'une certaine façon telle ou telle partie de l'organe de la prononciation. Ainsi, pour prononcer *Ba*, pressez d'abord les lèvres sans faire entendre aucun son, et desserrez-les vivement en faisant entendre le son *a*, et vous aurez *Ba*, selon la méthode sans épellation, etc etc.

Nous croyons devoir appeler le C *ce*, le S *si*.

5e *Leçon.* Nous mettons ici les articulations dont la prononciation varie, parce que les enfants n'auront aucune peine à concevoir ce que nous en disons, et enfin, parce qu'il nous semble peu rationnel de porter à la fin d'une méthode une leçon de cette importance.

6e *Leçon.* Dans cette leçon, comme dans les leçons suivantes, l'exercice ne contient que des mots dont les syllabes ne sont point séparées. Nous pensons qu'il est bon d'habituer tout de suite les enfants à voir les mots non défigurés.

9e *Leçon. Sons ou voyelles simples représentées par plusieurs lettres.* — Nous avons réuni ici tous les sons semblables, quoique non écrits de la même manière. Ainsi, le son de *Ai* a sous sa dépendance *Ay*, le son *Ei* a sous sa dépendance *Ey*, *OE*. On pourra nous objecter que ces sons ne sont pas exactement les mêmes , mais la nuance est trop faible pour en embarrasser la mémoire des enfants. On nous reprochera avec plus de raison, sans doute, d'avoir mis dans cette leçon *Ui*, et surtout *Oi*, *Oie*, qui sont regardés généralement comme des Diphthongues. Au reste , nous avons rapporté *Oi* et *Ui* au tableau des Diphthongues. Nous avons attaché peu d'importance à cette apparente inconséquence , par la persuasion où nous sommes qu'il y a avantage à faire lire les Diphthongues en deux syllabes, qu'alors il n'est pas nécessaire d'en faire une leçon particulière. Exemple : *Diadème*, lisez *Di-a-dè-me* ; de cette manière nous épargnons encore à la mémoire des énfants l'étude embarrassante d'une nouvelle série de sons.

21ᵉ *Leçon*. Cette leçon et les trois suivantes renferment les principales difficultés et irrégularités qui se présentent le plus fréquemment dans la lecture

Nous n'avons donné que quelques règles, l'usage étant le meilleur guide.

On nous pardonnera quelques phrases un peu baroques que nous avons été obligés de faire pour trouver le moyen d'employer des syllabes et des mots *déterminés*. Nous pensons que des mots isolés ne sont propres qu'à ennuyer les enfants.

25ᵉ *Leçon*. Cette leçon forme un tableau de lecture courante, ainsi que la 25ᵉ *bis*, qui renferme les prières les plus indispensables à un chrétien.

26ᵉ *Leçon*. Cette leçon est formée de diverses écritures, afin d'apprendre le plus tôt possible aux enfants à déchiffrer l'écriture ordinaire.

27ᵉ *Leçon.* Nous avons fait un tableau de chiffres et une table de multiplication, parce que beaucoup d'enfants quittant l'école avant d'apprendre l'arithmétique, il est nécessaire qu'ils soient en état de connaître, au moins, le chiffre de la pagination d'un livre ou les nᵒˢ des rues, et qu'ils sachent faire de mémoire la multiplication des nombres jusqu'à 100.

Nos tableaux sont en papier de couleur, parce que la vue des enfants se fatigue beaucoup lorsqu'elle reste longtemps fixée sur un papier blanc couvert de caractères noirs.

Cet Abécédaire n'est que la répétition des tableaux, afin que les enfants des écoles puissent étudier à leur banc et chez eux. Il sera aussi fort utile aux adultes.

DEUXIÈME PARTIE.

Après la lecture des Tableaux ou de l'abécédaire, il faudra mettre entre les mains des enfants la deuxième partie de la méthode de lecture, dite *Livre de lecture courante, par M. Bergés,* contenant des leçons de morale et de religion, quelques notions très élémentaires d'arts ou de sciences, des notions de la géographie du département de l'Ariége, un aperçu historique de ses principales villes, les descriptions des grottes les plus curieuses et l'explication des divers phénomènes qui ont lieu dans les montagnes si intéressantes de ce département.

ABÉCÉDAIRE

A L'USAGE DES ÉCOLES PRIMAIRES.

PREMIÈRE LEÇON.

SONS OU VOYELLES *.

Aa Aà Ee Éé Èe
Êê Ii Iì Yy Oo Oô
Uu Uû.

EXERCICE.

A o u i I o Y é i e U
ô è â O y î E a ê u y e.

---

*N. B. Le maître ou le moniteur nommera la première lettre A ; l'élève
répètera : A ; ainsi de suite. Quand toutes ces lettres seront bien connues
on passera à l'exercice, où l'on a intercalé les lettres italiques.

Deuxième Leçon.

ARTICULATIONS OU CONSONNES.

Hh

Bb Pp Mm Vv Ff

Dd Tt Jj Gg Qq

Kk Ll Rr Nn Cc Ss

Zz Xx.

EXERCICE.

B d g C h f b D j k F d c f
G b c H g h J K j m L n p M
l m q N n l P r p Q s R q t r S
x s T v z V x v X t Z z.

N. B. Prononciation des lettres :

			ka								que
B	C	D	F	G	H	J K	L	M	N	P	Q
be	ce	de	fe	gue	he	ji	que	le	me	ne	pe	que

R S T V X Z.
re si te ve xe ze.

Quand l'élève connaitra les lettres sur le tableau, le maître ou le moniteur pourra avec avantage tracer ces caractères au hasard sur un tableau noir, et les faire lire. On peut aussi exercer les enfants à tracer eux-mêmes les lettres sur le tableau noir, ou sur le sable, ou sur les ardoises.

SUITE DES PRÉCÉDENTES LEÇONS,

Dans cette leçon les lettres de l'alphabet sont placées dans l'ordre habituel dit alphabétique.

LETTRES.

A B C D E F G
H I J K L M N O
P Q R S T U V X
Y Z Ç W Æ Œ.

a b c d e f g h
i j k l m n o p q
r s t u v x y z ç
w æ œ.

OBSERVATIONS.

Il est nécessaire que les enfants sachent par cœur les lettres ainsi placées afin de pouvoir dans la suite faire usage des dictionnaires, etc.

Troisième Leçon.

UN SON ET UNE ARTICULATION, C'EST-A-DIRE UNE VOYELLE ET UNE CONSONNE.

ab	ap	af	ad	at	ag	al	ar	as	ax
eb	ep	ef	ed	et	eg	el	er	es	ex
ib	ip	if	id	it	ig	il	ir	is	ix
ob	op	of	od	ot	og	ol	or	os	ox
ub	up	uf	ud	ut	ug	ul	ur	us	ux

EXERCICE.

or	il	ut	es	up	ex	og	ip	ax	er
ar	us	op	if	ed	eg	el	os	ig	ol
ad	ef	at	it	ir	ap	et	ot	ox	ix
ob	ud	ug	ul	al	is	uf	as	ep	eb
ub	ab	ag	ur	af	ib	of	od	id	ux

OBSERVATIONS.

Selon la méthode sans épellation, prononcez lentement le son et terminez-le en appuyant sur l'articulation, ainsi : A...B, A...D, etc. Par la méthode d'épellation, dites : A... BE, AB, A... DE, AD.

Le maître ou le moniteur doit toujours commencer à lire lentement et distinctement la syllabe, et la faire ensuite répéter à chaque élève alternativement. Il en sera de même de chacune des syllabes suivantes. Ce n'est qu'à la seconde ou troisième lecture que l'élève devra lire seul chaque syllabe. Quant à l'exercice, les élèves le liront toujours sans que le maître fasse autre chose que les reprendre au besoin.

Quatrième Leçon.

UNE ARTICULATION ET UN SON C'EST-A-DIRE UNE CONSONNE ET UNE VOYELLE.

b	l	p	r	v	m	f	n	d	c	t	s	j	z	g	x	qu	k
ba	la	pa	ra	va	ma	fa	na	da		ta	sa	ja	za	ga	xa	qua	ka
be	le	pe	re	ve	me	fe	ne	de	ce	te	se	je	ze		xe	que	
bé	lé	pé	ré	vé	mé	fé	né	dé	cé	té	sé	jé	zé		xé	qué	ké
bè	lè	pè	rè	vè	mè	fè	nè	dè	cè	tè	sè	jè	zè		xè	què	
bê		pê		vê		fê		dê		tê							

			rê		mê												
bi	li	pi	ri	vi	mi	fi	ni	di	ci	ti	si	ji	zi		xi	qui	ky
bo	lo	po	ro	vo	mo	fo	no	do		to	so	jo	zo	go	xo	quo	ko
		pô	rô	vô	mô		nô	dô		tô							
bu	lu	pu	ru	vu	mu	fu	nu	du		tu	su	ju	zu	gu	xu		ku
bû								dû			sû						

OBSERVATIONS.

Selon la méthode sans épellation, appuyez fortement sur l'articulation et ouvrez promptement la bouche en faisant entendre le son ainsi : B...A. D'après la méthode d'épellation, épelez : BE...A, BA, etc.

Cinquième Leçon.

ARTICULATIONS DONT LA PRONONCIATION VARIE.

Le C se prononce comme un K devant A, O, U,
et à la fin des syllabes.

ca, prononcez ka ; ac, prononcez ak ;

            ic,   ik ;

co,   ko ; oc,   ok ;

cu,   ku ; uc,   uk.

Le Ç se prononce devant A, O, U, comme le S.

ça, prononcez sa ;

ço,   so ;

çu,   su.

Le G devant E, I, se prononce comme J.

ge, prononcez je ; gi, prononcez ji.

Le S entre deux sons ou voyelles se prononce comme le Z.

ro-se prononcez ro-ze; ba-se prononcez ba-ze.

Le T se prononce souvent comme le S. On le fera observer aux enfants par l'usage.

EXERCICE.

co, ci, ca, ga, ge, ça, ço,
ge, co, ec, gi, ic, uc, gé,
oc, gé, cô, ço, ça, cu, çu,
cé, co, cè, gu, go, ca, ci,

OBSERVATIONS.

Selon la méthode sans épellation, le maître ou le moniteur dira le premier, CA ; l'elève répétera : CA , etc.

Selon la méthode par épellation, le maître ou le moniteur dira : QUE...A, CA, et l'élève répétera : QUE... A , CA, etc.

Pour lire l'exercice, dans lequel on a confondu à dessein différentes articulations des tableaux précédents, le maître ou le moniteur se contentera de reprendre l'elève quand il se trompera.

Sixième Leçon.

EXERCICE COMPOSÉ DE MOTS FORMÉS DES SYLLABES DES TABLEAUX PRÉCÉDENTS.

A-mi : pa-pa : va : ma : mè-re : fa-ri-ne : ta : tê-te : da-me : jo-li : ja-co : je dî-ne : ju-pe : le rê-ve : gâ-té : la ra-me : re-bu-té : ri-di-cu-le : â-ne : ri-ca-ne : na-vi-re : ex-a-mi-né : bê-te : bé-né-fi-ce : le pè-re sé-vè-re : é-pi : sa ma-tu-ri-té : vé-ri-té : fê-ve : fé-ve-ro-le : fi-ni : la pe-ti-te Ir-ma or-ne sa ro-be : dé-fi-lé : fa-mi-ne : al-co-ve : ki-lo : ki-ri-é : mi-mi : mé-na-ge : mi-ne : ca-po-te sa-le : il a bu du ca-fé : A-dè-le a vu u-ne vi-pè-re : Zo-é a bu de la cé-ri-se : Ro-se su-ça la ju-ju-be : Jé-rô-me

a re-çu à sa fê-te u-ne tu-li-pe :
u-ne ca-mi-so-le : le pâ-té a é-té
vo-lé et a-va-lé.

EXERCICE OU LES SYLLABES NE SONT PLUS ESPACÉES.

Une vipère a paru : Rose a lavé
sa capote : sa camisole a été mise :
une rose orne la tête de Zoé :
Jérôme a une figure ridicule :
Basile a vu une bête féroce qui a
quasi dévoré Irma : le café sera
bu : examine l'âne de Rémy : il
ricane : sa mine comique m'amuse : la mère sévère punira la
volage Rosine.

OBSERVATIONS.

Selon la méthode d'épellation, le premier élève dira : A ME I MI, AMI.
Le second élève dira la même chose, ainsi de suite ; puis on passera au mot
suivant, etc. On reprendra ensuite la même leçon sans épeler ; l'élève dira :
A MI, AMI ; FA RI NE, FARINE ; RI DI CU LE, RIDICULE.

C'est aussi de cette dernière manière que l'instituteur devra faire lire les
enfants qui suivront la méthode sans épellation.

Le second exercice ne se lira que couramment.

Septième Leçon.

SON ENTRE DEUX ARTICULATIONS , OU VOYELLE ENTRE

DEUX CONSONNES.

ac | bac pac vac fac dac tac jac
gac lac rac mac nac sac zac.

ic | bic pic vic fic dic tic lic ric
mic nic sic.

ag | bag mag.

al | bal pal val fal dal tal jal gal
ral mal nal sal.

il | bil pil vil fil. dil til jil lil ril
mil nil sil zil.

ol | bol pol vol fol dol tol col jol
rol mol nol sol zol.

ul | bul pul vul ful dul tul cul rul
mul nul sul zul.

ar | bar par var far dar tar gar car
kar lar rar mar nar sar zar.

ir | bir pir vir fir dir tir kir jir gir lir rir mir nir sir zir xir.

o r | bor por vor for dor tor gor cor jor lor mor nor sor zor xor.

ur | bur pur vur dur tur gur cur kur lur rur mur nur sur zur xur

as | bas pas vas fas das tas gas cas jas las ras mas nas sas zas.

is | bis pis vis fis dis tis gis cis tis ris mis mys nis sis zis xis.

os | bos pos vos fos dos tos gos cos los ros mos nos sos zos xos.

us | bus pus vus fus dus tus gus cus lus rus mus nus sus.

OBSERVATIONS.

Selon la méthode sans épellation, le maître ou le moniteur dira de suite : BAC, PAC, etc., et les élèves répéteront.

Selon la méthode par épellation, le maître ou le moniteur dira le premier : BE A QUE, BAC; les élèves répéteront, chacun à leur tour : BE A QUE, BAC, etc.

Il ne faut pas quitter ce tableau avant que les élèves le sachent imperturbablement.

Huitième Leçon.

EXERCICE SUR LES SYLLABES DE LA SEPTIÈME LEÇON.

Bac : ba-bel : pac-te : tic-tac :
il se jac-te : su-mac : sac : pic :
dic-ta-tu-re : A-la-ric : mic-mac :
mag-ma : Bag-dad : bal : pal-me :
val-vu-le : fal-ba-la : Sé-né-gal :
ré-gal : gal-va-ni-que : a-mi-ral :
le mal : le sal-vé : ba-bil : ci-vil :
fil : du mil : s'il : bol : vol : col-
por-té : ré-vol-té : sol-dat : il ful-
mi-ne : la vul-ga-te : Zul-mé :
cal-cul : Bar-le-duc : par le Var :
far-dé : tar-ta-re : car-di-nal : l'ar-
ti-fi-ce : mar-tyr : nar-co-tis-me :
le ba-zar : ser-vi-ra : pur-ga-tif :
é-li-xir : a-gir : bor-du-re : por-te :

il se dor-lo-te : ma-jor : tré-sor :
A-zor : mor-ta-li-té : sor-ti-lé-ge :
bur-les-que : sur : mur-mu-re :
bas-cu-le : pas : dé-vas-té : Ju-das :
gas-co-nis-me : jas-pe : mas-ca-ra-
de : Ra-zat : As-ca-ri-de : bis-cor-
nu : si-na-pis-me : u-ne : vis :
vis-à-vis - dis-pu-te : Pa-ris : Sa-
mos : Na-xos : pâ-tu-re : cos-mé-
ti-que : bus-te : Mer-cus : fus-
ti-gé : rus-ti-que : sus-pec-te :
Ja-nus.

SANS SÉPARATION.

Le Tartare vit de vol et de
rapine : le carnaval sera fêté par
une mascarade : l'amiral va s'ar-
mer : j'admire le lac : il ravit par
le calme de sa surface que la

lune dore : le caporal révolté sera puni avec sévérité : le général Bonaparte a dormi sur la dure : il a vu la fortune obéir à sa parole : je récite le salvé régina : le mil a été récolté : il est sec : ne regarde pas avec colère une burlesque arlequinade : la rusti-que bergère, à la jupe légère, ne porte pas le dur busc de fer.

OBSERVATIONS.

Selon la méthode sans épellation, la seconde partie de l'exercice sera lue couramment sans jamais séparer les syllabes.

Selon la méthode d'épellation, on lira couramment, à la seconde lecture, la première partie de l'exercice.

La seconde partie doit toujours se lire couramment.

Neuvième Leçon.

SONS OU VOYELLES SIMPLES REPRÉSENTÉES PAR PLUSIEURS
LETTRES.

ai, ay; au, eau; oi, oie;
ei, ey, oe; eu, oeu, ou,
oue; ie; ée; ue; ea; ui.

SONS OU VOYELLES NAZALES.

an, ean, am, en, em; in,
im, ain, aim, ein; on, om;
un, un, eun.

EXERCICE.

an ay on au ean eau in oi eu oie
ey ie oie ée œu eun eu ea oue œ
ui ai ein an oi um ain ou aim om
em ei ean im am.

OBSERVATIONS.

Quelle que soit la méthode que l'on suive, il faut prononcer les deux sons
d'une seule émission de voix.

Le maître ou le moniteur dira : AI, l'élève répètera : AI. Le second élève
répètera de même : AI ; ainsi de suite.

Quand les élèves passeront à l'étude de l'exercice, ils devront lire seuls
sans que le maître fasse autre chose que de les reprendre au besoin.

Ce tableau étant bien connu des élèves, on pourra, avec avantage, les
exercer à indiquer de mémoire les lettres qui composent chaque son, de cette
manière : AN s'écrit A....NE, ou bien E....A....NE, AN, etc.

Dixième Leçon.

PREMIER EXERCICE SUR LES SONS DE LA NEUVIÈME LEÇON.

ai, ay. – ei, ey, ée
œ. – ie. – ue.

J'ai ai-mé : j'ai ai-dé : j'ai-me-rai : lai-ne : rai-fort : lai-te-rie : l'ai-ne : j'au-rai : pain : il ai-de-ra : la main : Ai-mé est fort ai-se : la rei-ne : la Sei-ne : la pei-ne : les cein-tu-res : sei-ze : nei-ge : la pein-tu-re : rai-nu-re : se-rei-ne : la vei-ne : la nei-ge : le Dey : Ney : u-ne ar-mée : i-dée : po-tée : ma-ti-née : OE-di-pe : œ-dè-me : œ-dé-mè-re : œ-nas :

œ-no-lo-gie : œ-no-mè-tre : OE-di-pe : lie : la pie : en-vie : mu-ti-ne-rie : je vous sa-lue : il se re-mue : la vie : or-tie : par-tie : u-ne rô-tie : lo-te-rie : bou-de-rie : jo-lie : ma-la-die : la nue : la rue : u-ne lai-tue.

EXERCICE OU LES SYLLABES NE SONT PLUS ESPACÉES.

J'aime la laitue : le raifort me fait mal : il salue avec peine : la pie bavarde amuse : l'armée du Dey de l'Algérie a été défaite et il a vu Paris : Ney a perdu la vie; il a aidé Bonaparte, général de l'armée d'Italie : l'arsenic, cet acide redouté, tue : la reine sera aimée : le météore perce la nue, et désole le rivage : l'eau rougie est saine : l'ortie est une herbe qui pique : la gelée diminue : Borée a fui avec peine les rives de la Seine, que la nature va revêtir de sa robe verte : une minute perdue ne sera jamais réparée : si l'air reste humide, la mortalité ne diminuera pas : le Caire a de larges rues : le navire vogue sur la mer agitée : la baleine submerge avec sa queue la barque légère.

OBSERVATIONS.

Selon la méthode sans épellation, la première et la seconde partie de l'exercice seront lues d'abord lentement, puis couramment.

Selon la méthode d'épellation, il faut énoncer chacun de ces sons, sans nommer les lettres. On épellera ainsi : J...AI, J'AI; AIME...É, MÉ, AIMÉ; EURE...O, RO, EURO, PE...E, PE, EUROPE. A la seconde lecture, on fera lire sans épellation la première partie de l'exercice, et la seconde ne se lira jamais que couramment

Onzième Leçon.

DEUXIÈME EXERCICE SUR LES SONS DE LA NEUVIÈME LEÇON.

au, eau. — ou, oue. — eu, œu. — oi, oie. — ui, uie. — ea.

Au-to-ri-té : jau-ne : sau-ce :
Pau-li-ne : au-ro-re : peau : bau-me :
man-teau : ra-deau : veau : beau-té :
sceau : beau : nou-veau : ba-teau :
ni-veau : ou : ou-tar-de : Pou-le :
sou-pe : mou-le : la-bour : voû-te :
joue : joue : roue : il se dé-voue : Eu-
ro-lo-ge : Eu-ro-pe : tuf : jeu : jeu-
ji : œuf : sœur : Poi-tou : soif : noir :
poi-son : boî-te : voi-tu-re : moi-

neau : toi-le : Oi-se : oi-seau : oi-
sif : la loi : la voie lac-tée : la soie :
u-ne oie : lui : au-jour-d'hui : ce-
lui-ci : de-puis : sui-vi : sé-dui-te :
qui : il pui-se : il nui-ra : ré-dui-re :
la suie : il mé-na-gea : nous sou-la-
geâ-mes.

EXERCICE OU LES SYLLABES NE SONT PLUS ESPACÉES.

L'oiseau jaune : l'oie a la mine
bête : il m'a jeté de la boue à la
joue : Marie se joue de l'autorité
de sa mère : elle sera punie aujour-
d'hui avec sévérité : ma sœur Eu-
lalie joue avec du feu, quoique
papa ne le luit ait pas permis : le
ver qui lui est joli le soir : Eu-
gène a peur au dortoir, lorsqu'il
y fait noir : le corbeau noir n'est
pas si joli que la pie : le ramoneur
est noirci par la suie : la poule

aux œufs d'or n'a jamais pondu : le jeu est utile à celui que l'étude a fatigué : le feu purifie l'air : il ramène la vie dans les parties gelées : la voie lactée est formée par une multitude d'étoiles : c'est un ver qui file la soie : j'admire l'habileté de ce petit animal.

OBSERVATIONS.

Selon la méthode sans épellation, la première et la seconde partie de l'exercice seront lues d'abord lentement, puis couramment.

Selon la méthode d'épellation, il faut énoncer chacun de ces sons sans nommer les lettres. On épellera ainsi : AUTE...O, TO. AUTO, RE...I, RI, AUTORI, TE...É, TÉ, AUTORITÉ. A la seconde lecture, on fera lire sans épellation la première partie de l'exercice, et la seconde ne se lira jamais que couramment.

Douzième Leçon.

TROISIÈME EXERCICE SUR LES SONS DE LA NEUVIÈME LEÇON.

an, ean, am, en, em.-in, im, ain, aim, ein.-on, om.-un, um, eun.

An dou-ze : ma tan-te : Jean :

ven-gean-ce : am-pu-ter : en-rhu-
mé : en-tor-se : u-ne pen-te : len-
teur : dent : men-ton : em-por-ter :
em-pois : in-so-len-te : in-fir-mi-té :
din-don : fin : in-ci-vil : la-pin :
im-bé-ci-le : im-bi-bé d'eau : impie : lim-pi-de : pim-pant : im-per-
ti-nen-ce : im-por-tant : ain : ainsi : un bain : vain-cu : la main : le
pain : un daim : la faim : le Mein :
cein-tu-re : les reins : la pein-tu-
re : se-rein : on con-te : on-ce : bon :
bon-bon : om-bi-lic : bom-be : pompe : om-ni-bus : om-ni-po-ten-ce :
un : Ver-dun : Me-lun : lun-di :
a-lun : dé-font : par-fum.

EXERCICE OÙ LES SYLLABES NE SONT PLUS ESPACÉES.

Ma tante a quarante ans : saint Jean-Baptiste a été décapité : la manie des conquêtes a fait amputer bien des jambes : une entorse a rendu Antoine infirme, parce qu'il a suivi les avis d'un imbécile : le comte de Toulouse a vaincu plus d'une fois : l'éponge pompe l'eau et s'en imbibe : le parfum est souvent perfide : ainsi il ne faut pas en faire abus : j'ai vu Melun et Verdun, et j'ai navigué sur le Mein et l'Ain : le daim agile défie le veneur et se dérobe à sa poursuite par la rapidité de sa course : les empires périront, et l'on doutera de leur durée : la vertu seule

épouvante la calomnie : Jésus
a sauvé le monde : il a voulu
visiter les enfers pour en tirer
les âmes des saints.

OBSERVATIONS.

Selon la méthode sans épellation, la première et la seconde partie de l'exercice seront lues d'abord lentement, puis couramment.

Selon la méthode d'épellation, il faut énoncer chacun de ces sons, sans nommer les lettres. On épellera ainsi : AN DE...OU, DOU, ZE...E, ZE, DOUZE. IM, PE...IE, PIE, IMPIE, etc. VE...AIN, VAIN, C...U, CU, VAINCU, etc. PE...OM, POM, PE...E, PE, POMPE, etc. A la seconde lecture, on fera lire sans épellation la première partie de l'exercice, et la seconde ne se lira jamais que couramment.

Treizième Leçon.

ARTICULATIONS OU CONSONNES SIMPLES REPRÉSENTÉES PAR PLUSIEURS LETTRES.

ch, gn, ill, ph.

Prononcez che. gne. pa..ille. fe.

Chat : pa-cha : char : va-che : re-
cher-che : chou : ri-che : mé-chant :
il chan-te : che-val : chan-son : marche : Char-le-ma-gne : Sei-gneur :
vi-gne : ma-gni-fi-que : il i-gno-re :

si-gne : i-gno-rer : té-moi-gna-ge :
pa-ille : fu-ta-ille : car-illon : railleur : il dé-pou-ille-ra : ver-mi-
llon : gre-na-ille : Pha-ra-on : pha-
lan-ge : phy-si-que : phi-lo-so-phe :
Phi-lo-mè-le : un pha-re : phar-
ma-cie : é-lé-phant : phé-no-mè-ne :
pha-se : Phé-bus ou So-leil : la
ba-ta-ille de Phar-sa-le.

OBSERVATIONS.

Méthode sans épellation, mêmes observations que pour les tableaux précédents.

Selon la méthode d'épellation, dites : CHE...A...TE, CHAT ; I, GNE...O, GNO, IGNO, RE...AN...TE, RANT, IGNORANT ; PHE...A PHA. RE...A ; RA, PHARA, ON, PHARAON ; PE...A, PA, ILLE..E, ILLE, PAILLE, TE...E TE, NE...A, NA, TENA, ILLE...E, ILLE, TENAILLE.

Il est à propos de faire remarquer ici la supériorité de la méthode sans épellation sur la méthode d'épellation. En effet, n'est-il pas plus simple de dire tout de suite CH. .AT, CHAT, que de dire : CHE...A...TE CHAT , et même ne paraît-il pas ridicule de dire : PE...A, PA, ILLE...E, ILLE, PAILLE plutôt que de dire tout simplement PA...ILLE?

Nous espérons donc que nos tableaux finiront par convaincre les instituteurs qui ne peuvent encore renoncer à une vieille routine, que la méthode, sans épellation est non-seulement la plus rationnelle, mais même la plus facile.

Quoi qu'il en soit, il faudra toujours avoir soin de relire couramment l'exercice à la seconde leçon.

On pourra aussi exercer les enfants à écrire ces articulations sur le tableau noir ou sur les ardoises, de cette manière :

Le maître ou le moniteur : Ecrivez le son CHE : l'élève écrit CH.

Le maître : Décomposez CHEVAL ; l'élève dit et écrit CHE...VAL , etc.

2*

Quatorzième Leçon.

EXERCICE COMPOSÉ EN PARTIE DES MOTS DE LA LEÇON

TREIZIÈME.

Joseph a perdu une phalange du pouce. La vache aime le chou et le recherche. Un riche seigneur, monté sur un char tiré par des chevaux fougueux, s'expose à payer cher son orgueil. Le carillon nous réjouit le jour de la Nativité du Seigneur. Les méchants ne triompheront pas toujours; ils seront éparpillés comme la paille. Disposons-nous à fouler la vendange et vidons toutes nos futailles. Le signal va nous réunir, et le vendangeur railleur dépouillera la vigne en chantant sa joyeuse chanson. Charlemagne, monté sur un cheval magnifique, harangua son armée et se mit en marche. Je n'ignore pas que les caractères de l'alphabet sont des signes destinés à parler aux yeux. Il serait honteux à un philosophe d'ignorer les phénomènes de la nature. Pharaon enseveli sous les eaux est un témoignage de la colère du Seigneur. Un phare étend ses feux sur la mer afin d'avertir les navires du voisinage d'un écueil. La modestie charme, l'orgueil révolte tout le monde. Un superbe cheval de bataille saute de joie. Le soleil vivifie; sa douce chaleur ranime l'octogénaire que l'âge a engourdi. L'ignorance avilit. Le catéchisme nous enseigne la religion. La venue du Sauveur a terminé le règne du démon; Satan indigné, veut en vain se relever, il est vaincu à jamais. Nous devons respecter celui qui nous enseigne à lire; mais nous devons chérir celui qui nous enseigne la vertu. Le parchemin est une peau de mouton. Philomèle nous enchante par la mélodie de ses chants si habilement cadencés.

Les diverses phases de la lune sont causées par les rayons du soleil.

OBSERVATIONS.

Les mêmes que celles de la leçon treizième.

Quinzième Leçon.

LES ARTICULATIONS DOUBLES OU CONSONNES DOUBLES PEUVENT, DANS LE PLUS GRAND NOMBRE DE CAS (1), ÊTRE CONSIDÉRÉES COMME DES ARTICULATIONS SIMPLES REPRÉSENTÉES PAR PLUSIEURS CARACTÈRES.

bb, pp, ff, gg, cc, dd, tt, mm, nn, ll, rr, ss.

A-bbé: a-ppar-te-ment: a-ppa-ren-ce: o-ppor-tu-ni-té: o-ffen-se: a-ffer-mer: a-ffi-che: a-ccou-tu-mer: o-ccul-te: a-tten-tif: so-tti-se: la mar-mo-tte: gue-tter: so-mmet: po-mma-de: so-mmeil:

(1) Je dis le plus grand nombre de cas, parce que, par exemple, il serait ridicule de dire : A-DDI-TION, RE-DDI-TION, qui doivent se prononcer AD-DI-TION, RED-DI-TION : de même on doit dire : IM-MOR-TA-LI-TÉ, et non pas I-MMOR-TA-LI-TÉ. L'usage et l'étymologie sont les meilleurs guides à cet égard

pay-sa-nne : bo-nne : je so-nne :
bo-nnet : u-ne to-nne : j'a-llu-me
u-ne a-llu-me-tte : a-rro-sons le
jar-din : pa-pa co-rri-ge a-vec
ri-gueur : a-ssa-ssin : a-sso-ci-er :
ba-sse-sse : la so-nne-tte.

EXERCICE OU LES SYLLABES NE SONT PLUS ESPACÉES.

La sonnette qui sonne chasse le sommeil.
Une bonne paysanne accoutumée à la fatigue
a des enfants bien forts. L'assassin guette sa
victime et l'attend pour la terrasser. Une allu-
mette suffit pour incendier toute une ville.
C'est une sottise de passer sa vie à se pommader
comme une coquette. L'homme affermi dans
la vertu pardonne toujours, parce que rien
ne l'offense et qu'il est au-dessus des atteintes
du vice. Evitons la bassesse de celui qui n'a
pas honte de s'associer aux méchants. L'enfant
sage s'adonne sans peine à l'étude, qui est son
unique affaire ; et si l'heure du jeu arrive, il
n'est pas forcé de rester dans la salle avec
les paresseux. Le tonnerre tombe sur cette
cabane appuyée à la montagne.

OBSERVATIONS.

Selon la méthode sans épellation, dites : A-PPAR-TE-MENT, APPARTE-
MENT ; O-PPOR-TU-NI-TÉ, OPPORTUNITÉ.

Selon la méthode d'épellation, dites : A...PPE...A...RE, PAR, APPAR,
TE...E, TE, APPARTE, ME...EN...TE, MENT, APPARTEMENT, etc.

Seizième Leçon.

ARTICULATIONS OU CONSONNES COMPOSÉES.

bl, pl,   fl   cl, gl, spl, scl, sp,   ps.
ble. ple.   fle.   cle. gle. sple. . scle spe.   pse.

br, pr, vr, fr, phr, dr, tr, cr, gr, spr, scr, str, sc,   st,
bre. pre. vre. fre. phre. dre. tre. cre. gre. spre. scre stre sce *et* ske.   ste.

	br	pr	vr	fr	phr	dr	tr	cr	gr	spr	scr			st
a . .	bla	pla		fla				cla	gla	spla	scla	spa	psa	
	bra	pra	vra	fra	phra	dra	tra	cra	gra	spra	scra	stra	sca	sta
e . .	ble	ple		fle				cle	gle	sple	scle	spe	pse	
	bre	pre	vre	fre	phre	dre	tre	cre	gre	spre	scre	stre	sce	ste
é . .	blé	plé		flé				clé	glé	splé	sclé	spé	psé	
	bré	pré	vré	fré	phré	dré	tré	cré	gré	spré	scré	stré	scé	sté

	bl	pl	v	fl	ph	dr	tr	cl	gl	spl	scl	sp	ps	st
i . .	bli	pli		fli				cli	gli	spli	scli	spi	psi	
	bri	pri	vri	fri	phri	dri	tri	cri	gri	spri	scri	stri	sci	sti
o . .	blo	plo		flo				clo	glo	splo	sclo	spo	pso	
	bro	pro	vro	fro	phro	dro	tro	cro	gro	spro	scro	stro	sco	sto
u . .	blu	plu		flu				clu	glu	splu	sclu	splu	psu	
	bru	pru	vru	fru	phru	dru	tru	cru	gru	spru	scru	stru	scu	stu

OBSERVATIONS.

Selon la méthode sans épellation, appuyez fortement sur l'articulation, et ouvrez promptement la bouche en faisant entendre le son, de cette manière : BL....A, BLA.

Selon la Méthode d'épellation, dites : BLE....A, BLA ; PLE....A, PLA ; PRE....A, PRA, etc.

Quand les élèves sauront bien ce tableau, il sera bon de les exercer, surtout s'ils ont suivi la méthode sans épellation, à décomposer les syllabes de cette manière :

Le maître ou le moniteur dira à l'élève : décomposez SCRO.

L'élève répondra : SCRO se décompose en SCR....O, SCR se décompose en S!, QUE, RE, etc, ainsi des autres syllabes.

Dix-septième Leçon.

Bla-ma-ble : pla-nè-te : il flâ-ne : clai-ron : gla-ce : Spa : spa-tu-le : spa-da-ssin : Psal-mis-te : bra-ve : pra-li-ne : fra-ter-ni-té : frai-se : dra-gée : tra-me : cra-be : gra-de : stra-ta-gè-me : sca-pu-lai-re : sta-ble : sta-tue : plé-ni-tu-de : blé : nè-fle : flé-tri : bâ-clée : sclé-ro-ti-que : spé-cu-la-teur : mar-bré : sa-bré : â-pre : un pré : la-dre : mu-lâ-tre : tré-sor : â-cre : cré-du-le : Gré-goi-re : as-tre : sté-ri-li-té : é-ta-bli : un pli : il in-fli-ge : cli-que-tis : il gli-sse : u-ne spi-ra-le :

cri-blé : gri-llé : un scri-be : u-ne scie : sca-ra-bée : la scé-lé-ra-te-sse : je sti-mu-le : la bri-se , vent de mer : l'é-toi-le du ber-ger bri-lle : pri-son : fri-mas : une vri-lle : pain mal pé-tri : meur-tri : un cri aigu : un cri-me a-tro-ce : gri-ma-ce : ta-bleau dé-plo-ra-ble : flo-ri-ssant : en-clos : glo-be : il glo-se : spon-ta-né : bloc de mar-bre : blo-cus : ma-la-die spo-ra-di-que : pso-ri-que : une pou-le à la bro-che : pro-di-ge : le fro-ma-ge mou : i-vro-gne : drô-le : le dro-ma-dai-re du dé-sert : le trô-ne du Très-haut : le cro-co-di-le vo-ra-ce : le co-chon gro-gne : scro-fu-les : stro-bi-le : le scor-but : vin sto-

ma-chi-que : pru-ne : bru-ne : fru-
ga-li-té : dru-pe : cru : le gé-né-ral
Pi-che-gru : scru-tin : stuc : Scu-
dé-rie : stu-pi-di-té.

OBSERVATIONS.

Selon la méthode sans épellation, l'élève dira : BLA-MA-BLE, BLAMA BLE ; PLA-NÈ-TE, PLANÈTE, etc.

Selon la méthode d'épellation, dites BLE...A, BLA, ME...A, MA BLAMA, BLE...E , BLE, BLAMABLE ; PLE...A, PLA, NE...È, NÈ, PLANÈ, TE...E, TE, PLANÈTE, etc.

Quand l'élève saura épeller tout le tableau, il le lira ainsi comme par la méthode sans épellation : BLA-MA-BLE, BLAMABLE ; PLA-NÈ-TE PLANÈTE.

On voit encore ici qu'il est bien plus simple et même bien plus facile de lire sans épellation.

Dix-huitième Leçon.

DEUXIÈME EXERCICE COMPOSÉ EN PARTIE DES MOTS DE LA DIX-SEPTIÈME LEÇON.

Nos soldats, criblés de balles et bloqués dans leurs retranchements ont été sabrés sans pousser un seul cri.

L'homme criminel, qui trame la perte de sa patrie, sera flétri.

Au jour de l'an, mon jeune frère ne fera pas la grimace à la vue des pralines et des dragées.

Garde-toi de flâner sur la rive du Nil, fleuve d'Egypte, car tu serais croqué par les crocodiles.

En sablant un verre de vin, l'ivrogne prise le fromage, qui stimule et semble entretenir sa soif inextinguible.

L'homme frugal et sobre ne fait pas usage de stomachiques.

Crésus, roi de Lydie, dont le sort fut si déplorable, songea plus à ses trésors en mourant, qu'au malheur de sa patrie opprimée sous le sabre impitoyable d'un conquérant.

L'obélisque de Luxor, qui a été dressé avec une peine incroyable sur la grande place, à Paris, est un bloc de granit d'un seul morceau. Que de cables il a fallu, que de précisions, pour le mettre sur son admirable base !

Le crédule Grégoire n'est pas un aigle.

Maître corbeau, sur un arbre perché,
    Tenait en son bec un fromage.
Maître Renard par l'odeur alléché,
    Lui tint à peu près ce langage :
Hé ! bon jour, monsieur du Corbeau ;
Que vous êtes joli ! que vous me semblez beau !
    Sans mentir si votre ramage
    Se rapporte à votre plumage,

Vous êtes le phénix des hôtes de ces bois.
A ces mots le corbeau ne se sent pas de joie.
Et pour montrer sa belle voix ,
Il ouvre un large bec et laisse tomber sa proie.

OBSERVATIONS.

Cet exercice doit être lu couramment.

Dix-neuvième Leçon

Dans cette leçon, on a réuni les principaux sons composés ou principales diphthongues , et on les regarde comme formant deux syllabes , afin d'en simplifier la lecture.

Pour faciliter aux élèves la lecture des mots que renferment une ou plusieurs diphthongues , il suffit de leur faire observer :

1° Que , si une articulation simple ou composée est suivie d'un seul des sons simples , à un ou plusieurs caractères des leçons précédentes , elle forme une syllabe avec ce son. Exemple : LARON , LA-RON.

Que , si une articulation simple ou composée est suivie de deux sons simples , à un ou plusieurs caractères , elle forme une syllabe avec le premier , et le second son forme une autre syllabe seul ou avec l'articulation qui le suit. Exemple : DIADÈME, DI-A-DÈ-ME ; LOUISE , LOU-I-SE ; ÉBLOUIR, É-BLOU-IR.

Il est inutile de dire que, si un mot commence par une diphthongue, le premier son simple forme la première syllabe, etc. Exemple : OUIR, OU-IR.

N. B. Les instituteurs qui ne partageront pas notre avis à cet égard, pourront faire lire en une seule syllabe ces diphthongues que nous mettons pour eux seuls en tête de la leçon, mais qui deviennent inutiles à ceux qui sont de notre avis, puisqu'on peut les lire au moyen des connaissances acquises.

DIPHTHONGUES POUR CEUX QUI VEULENT LES LIRE EN UNE SEULE SYLLABE.

ia, ié iè, iai, io, iau, ieu, iou, oi, ua, ué, uè, uai, ui, oua, oué, oui.

NASALES.

ian, ien, ion, iom, uain, um, uon, ouan, oin, ouin, ouon.

---

diadème.	alliance.
di-a-dè-me.	a-lli-an-ce.
liaison.	nous remuons.
li-ai-son.	nous re-mu-ons.
envieuse.	la tiare.
en-vi-eu-se.	la ti-a-re.
le suaire.	brioche.
le su-ai-re.	bri-o-che.

vin cioutat.

vin ci-ou-tat.

il joua.

il jou-a.

science.

sci-eu-ce.

un Padouan.

un Pa-dou-an.

la piété.

la pi-é-té.

un piocheur.

un pio-cheur.

il tua.

il tu-a.

enjoué.

en-jou-é.

le lion.

le li-on.

un babouin.

un ba-bou-in.

la bière.

la bi-è-re.

il miaule.

il mi-au-le.

suave.

su-a-ve.

il jouit.

il jou-it.

triomphe.

tri-om-phe.

un marsouin.

un mar-sou-in.

prière.

pri-è-re.

il piaule.

il pi-au-le.

tué.

tu-é.

fouine.

fou-i-ne.

puante.

pu-an-te.

nous avouons.

nous a-vou-ons.

biaiser.

bi-ai-ser.

pieuse.

pi-eu-se.

la Suède.

la Su-è-de.

ébloui.

é-blou-i

suinter.
su-in-ter.

nous louons.
nous lou-ons.

Rouen.
Rou-en.

création.
cré-a-ti-on.

société.
so-ci-é-té.

amadouer.
a-ma-dou-er.

OBSERVATIONS.

Selon la méthode sans épellation, lisez : DI-A-DÈ-ME, DIADÈME, PI-É-TÉ, PIÉTÉ, etc.

Selon la méthode d'épellation, épelez : DE...I, DI, A, DIA, DE...É, DÈ, DIADÉ, ME...E, ME, DIADÈME, etc.

Les instituteurs qui ne voudront point admettre le partage des diphthongues en deux syllabes feront lire : D-IA-DÈ-ME. P-IÉ-TÉ.

Ils feront épeler : DE...IA etc., PÉ...IÉ, PIÉ etc.

Vingtième Leçon.

EXERCICE COMPOSÉ EN PARTIE DES MOTS DE LA DIX-NEUVIÈME LEÇON.

Le diadème du roi le plus puissant ne me paraît pas digne d'envie.

Quelques papes, dans les premiers temps de l'église ont échangé la tiare contre la couronne du martyre.

L'homme pieux trouve son bonheur dans la prière, car c'est elle qui adoucit ses chagrins, en détachant son âme des affections terrestres pour l'élever jusqu'à Dieu.

Une liaison dangereuse peut perdre le jeune homme que ses heureuses dispositions rendent l'espoir de sa famille.

Cette chatte, envieuse du bonheur de Joliette, qui savoure avec délices une brioche encore chaude, miaule et se désespère.

Un moucheron attaqua un lion, en triompha et le tua.

Le Marsouin est une espèce de dauphin bien connu des anciens, ainsi que l'atteste son nom, signifiant en latin cochon de mer. Sur les côtes de la Bretagne, lorsque les marins voient ces poissons se jouant à la surface des eaux, ils se préparent à résister à la tempête.

La France a fait plusieurs fois alliance avec la Suède, dont le roi intrépide, Charles douze, a remué toute l'Europe et triomphé de la Russie, alors gouvernée par Pierre-le-Grand, le plus extraordinaire des souverains de ce pays.

L'odeur suave des fleurs peut-être, en certaines occasions, aussi funeste que les puantes exhalaisons des eaux croupies : ainsi nous devons souvent nous défier des hommes qui se présentent à nous sous les dehors les plus séduisants.

Que d'antiquaires armés d'une pioche, n'ont

souvent trouvé en remuant la terre, que de fausses médailles, appelées padouanes, au lieu de véritables médailles, objets de leurs recherches, se laissant éblouir par le faux vernis dont une main trompeuse avait recouvert ces monnaies fabriquées par de graveurs padouans.

Ne louons pas notre conduite quand notre conscience ne l'approuve pas ; avouons plutôt nos fautes, d'ailleurs il n'y a que les sots qui aillent se louant eux-mêmes, au lieu de laisser aux autres le soin de les juger.

OBSERVATIONS.

Cette leçon ne doit être lue que couramment, soit que l'on suive la méthode sans épellation, soit que l'on suive la méthode d'épellation.

Vingt-unième Leçon.

DES IRRÉGULARITÉS.

Cette leçon se compose des difficultés qui se présentent le plus fréquemment dans la lecture et que l'élève aurait de la peine à résoudre.

Nous ne parlerons point des irrégularités qui ne défigurent pas assez les mots pour que l'enfant un peu intelligent ne puisse les deviner.

A la fin des mots terminés par plusieurs consonnes, on ne joint, par la prononciation à la dernière voyelle, que la première des consonnes qui la suivent, si cette consonne est une des suivantes : L ; R ; F , C , M , N.

Vingt fois j'ai vu dans les camps les soldats exempts d'inquiétude, quoiqu'à deux doigts de la mort.

ENT...AN, E.

ENT se prononce E à la fin des mots devant lesquels on peut mettre ILS ou QUI ; dans les autres cas, il se prononce AN :

Souvent, quand les poules couvent, leurs œufs se gâtent si le temps est orageux, et trompent ainsi l'espoir de la ménagère, qui les regarde chaque jour d'un œil impatient, désirant voir éclore les poulets qu'elle pourrait vendre avantageusement au couvent voisin.

ER, EZ...É.

ER, EZ se prononcent É à la fin des mots terminés par ER et EZ.

Pour voir le rocher de Foix et ses antiques tours, levez le nez assez haut; vous vous rappellerez que là où sont aujourd'hui des prisonniers, habitaient jadis ces Comtes dont la puissance inquiéta maintes fois les Rois de France.

Mots qui font exception, — ER se prononçant ÈR.

Au milieu même de l'hiver, lorsque le fier marin est à terre, il désire la mer aux flots salés et amers: car dit-il, si la tempête est venue assaillir hier mon cher vaisseau, le beau temps aujourd'hui va nous réjouir et bannir le chagrin, ce ver rongeur qui ne peut rien sur notre cœur de fer.

ES...ÈS.

ES se prononce ÈS dans les monosyllabes (mots d'une seule syllabe),

LES, CES, MES, TES, SES.

Mes enfants, il faut réprimer ses passions, ces tyrans impitoyables des cœurs, et se dire sans cesse à soi-même: malheureux, tu périras si tu les écoutes.

EU....U,

J'ai eu tort de faire une gageure qu'il m'eût été impossible de payer, si je l'avais perdue. J'eusse mieux fait sans doute ou plutôt nous eussions mieux fait de nous borner à discuter paisiblement ; n'est-il pas ridicule, en effet, de s'imposer une amende pour expier une erreur dans laquelle on a eu le malheur de tomber ?

OBSERVATIONS.

Le maître seul ou le moniteur lira les règles qui précèdent chaque exemple et les expliquera aux enfants, qui d'ailleurs sont déjà en état de les comprendre. Cette observation s'applique aux 22e, 23e et 24e leçons.

Vingt-deuxième Leçon.

SUITE DES IRRÉGULARITÉS.

EN...IN.

EN se prononce généralement IN après É, I et Y.

L'européen a bien des moyens de connaître

la vérité puisqu'il possède les écrits de tant d'hommes sages et éclairés.

IEN . . . . IN, AIN.

IEN se prononce IN quand il termine les mots, et il se prononce IAN dans les mots en IENCE et dans les mots devant lesquels on ne peut mettre ni IL ni ILS.

Les anciens, mauvais physiciens et peu avancés dans la science des astres, croyaient que le soleil sortait de la mer du côté de l'orient, qu'il passait au méridien, et allait ensuite se précipiter dans les ondes, vers le couchant, brûlant d'impatience de s'y coucher pour se reposer de sa longue et pénible course.

TION . . . . SION, TION.

TION se prononce SION dans les mots devant lesquels on ne peut mettre NOUS, si toutefois le T n'est pas précédé d'un S ou d'un X; dans les autres cas il se prononce TION.

Chez toutes les nations, c'est une belle action pour un soldat d'escalader un bastion, et il mérite une mention honorable; mais pensez-vous que nous, citoyens, nous méritions moins de la patrie, lorsque renonçant à toute ambition, nous nous consacrons à l'instruction et à l'éducation de cette jeunesse qui doit à son tour faire la gloire de notre pays, si, dès l'enfance, nous lui imprimons une bonne

direction. Français , ne craignez donc point
de dire: Oui , le bon instituteur doit aussi avoir
sa portion de l'estime publique , et il mérite
que nous lui portions le tribut de notre recon-
naissance.

TIE. . . . SIE.

TIE précédé d'une voyelle se prononce le plus souvent SIE ; dans les autres
cas, il conserve sa prononciation.

' Que celui qui sent son impéritie ne se mêle
point de diplomatie , car bientôt on reconnaî-
trait son ineptie. Ce n'est point une minutie ,
d'exiger mille garanties de ceux qui se consa-
crent à cette partie si difficile de la politique.

TIENCE. . . . SIENCE. — TIENT. . . . SIENT.

L'enfant impatient doit faire tous ses efforts
pour corriger cette impatience , qui l'expose
si souvent aux réprimandes de ses parents et
de ses supérieurs. Qu'il tâche d'opposer à ce
défaut la douceur et la modestie.

TIAL. . . . SIAL. — TIEL. . . . SIEL. — TIEUX. . . SIEUX. — TIEUSE. . . . SIEUSE.

Il est essentiel de déjouer les projets de
certains ambitieux dont l'ardeur martiale ne
se montre que dans les mouvements séditieux ,

espérant gagner par des discours captieux une
multitude aveugle , toujours prête à suivre le
premier factieux qui lui promettra le désordre
et l'impunité.

Vingt-troisième Leçon.

SUITE DES IRRÉGULARITÉS.

CC....KS.

CC se prononce KS dans les mots où ils sont suivis de E ou de I.

Les peuples occidentaux ont dans leur langage un accent qui diffère beaucoup de celui
des orientaux; aussi est-il difficile à un Français, par exemple, d'apprendre avec succès
le chinois ou le tartare.

X....ZE.

Les meilleures places que Xavier ait obte-
nues dans ses compositions, sont la deuxième
la sixième et la dixième.

X....SSE.

Je passerai, cette année, une soixantaine
de jours en Saintonge, après en avoir passé dix
à Auxerre, et l'année prochaine, j'irai à Bru-
xelles et à Cadix.

QUA....COUA.

Dans les ménageries , on voit des quadru-
pèdes qui ont coûté plusieurs quadruples. On
y voit moins d'animaux aquatiques , parce qu'ils
sont difficiles à transporter , on en conserve
pourtant quelques-uns dans des caisses qua-
drangulaires remplies d'eau.

Les cartes géographiques appelées Mappemon-
des se font rarement en forme de quadrilatères ;
c'est généralement une surface circulaire au
milieu de laquelle on remarque particulièrement
une ligne appelée équateur.

ë , ï , ü.

Ces lettres, accentuées de deux points, doivent faire à elles seules une syllabe

Ciguë. Moïse et Saül sont des personnages dont
nous pouvons lire la vie dans l'écriture sainte.

----

contez
Si vous comptez bien , vous verrez que le

segond
second sacrement après le baptême , c'est la

setième
pénitence et le septième le mariage.

Malgré l'inconstance des modes qui se suc-

vraissem
cèdent si rapidement, il est vraisemblable et je

ssu
présupose que nos dames n'abandonneront ja-

ssol
mais l'usage du parasol ; car une loi commode

ssué
ne tombe jamais en désuétude.

Un orchestre [kestre] produit un excellent effet dans

un chœur [keur] qui a de l'écho [ko], il semble alors que

les voix des anges et des archanges [kan] viennent
se mêler aux nôtres pour célébrer la gloire du
Très-Haut.

Le choléra [ko] cette terrible maladie qui frappe
hommes, femmes, enfants, comme un coup
de foudre, n'épargne pas plus l'anachorète [ko] ou
l'homme paisible qui mème une vie patriarcale
au milieu de sa nombreuse famille que l'insensé
qui se pert dans le chaos [ka] des plaisirs du monde.

Que de mille imbéciles [ile] on voit qui, au lieu
de passer une vie tranquille [ile] dans leur ville ou
leur village [i lage], vont chercher au loin la fortune
qui les fuit, et dont leur pusillanimité [zi la] d'ailleurs
ne pourrait braver l'inconstance, si elle venait
à leur sourire.

Vingt-quatrième Leçon.

SUITE DES IRRÉGULARITÉS.

A la fin d'août [ou] et vers le commencement de

l'automne à Laon , comme sur les bords de la
Saône et comme partout ailleurs , les chaleurs
condamnent à bien des fatigues le malheureux
cultivateur qui ne peut s'exempter des travaux
qu'exigent la moisson et la vendange.

C'est une habitude bien inutile que celle de
fumer du tabac. Elle est toujours nuisible à la
bourse et souvent à l'estomac. Alors , pauvre
paysant , ignorant la cause de votre mal , vous
allez vous jeter dans les lacs de quelqu'escroc
qui vous drogue , tandis qu'un médecin vous
dirait tout simplement : Monsieur quittez la
pipe et vous serez guéri.

Mon fils , vous lirez l'histoire de Robinson
jeté dans une île déserte. Il avait sauvé du nau-
frage un fusil , un baril de poudre , des outils,
une pièce de coutil et un peu de vermicelle,
ce qui lui servit pour pourvoir à sa subsistance
et à son logement. Il avait aussi un Christ
devant lequel il adressait à Dieu ses ferventes
prières. Après un laps de temps assez consi-
dérable, il vit un navire, du haut d'un cap

(58)

d'où il jetait souvent sur la mer des regards
d'ennui et de désespoir : il lui fit des signaux ;
l'œil perçant du capitaine, qui n'avait pas pris
comme ses officiers, cette petite île pour un
écueil, les aperçut, et aussitôt une barque
fut mise à la mer. Je vous laisse à penser
l'acceuil que Robinson fit à ses libérateurs. Il
fut recueilli sur le vaisseau, et le capitaine lui
offrit sans orgueil la moitié de sa chambre,
jusqu'à son retour en Angleterre.

L'Histoire de Robinson est un livre très ins-
tructif et très moral ; là, nous voyons tout ce dont
est capable l'homme doué d'une bonne volonté
ferme et obligé, d'ailleurs, d'obéir à la nécessité.
Quand quelque grand malheur vient accabler le
pauvre Robinson, sa confiance en Dieu et sa
ferveur redoublent; lorsqu'il n'a plus à lutter contre l'adversité et que tout lui abonde, il oublie
son soutien, il oublie son Seigneur : telle est la
faiblesse du cœur humain et tel est l'empire de la
religion; l'homme, dans l'infortune, sent qu'il
existe au-dessus de lui un être puissant dont il
doit implorer la miséricorde ; il l'oublie lorsqu'il
est heureux.

REMARQUES SUR LA LECTURE COURANTE.

« Il faut apprendre aux enfants à lire claire-
« ment, à bien articuler, à prononcer exacte-
« ment et sans affectation, à suivre l'accent
« grammatical et la prosodie, à donner tou-
» jours assez de voix pour être entendu, mais
» à n'en donner jamais plus qu'il n'en faut ; en
» un mot, à lire avec goût et intelligence. »

On emploi différents signes, soit pour indiquer les pauses que l'on doit faire en lisant, soit pour distinguer les sens partiels qui constituent un discours.—Ces signes sont marqués ci-dessous.

. POINT. Sens achevé et pause la plus longue, prise pour unité ou terme de comparaison.

; POINT-VIRGULE. Pause moins longue que la précédente.

: DEUX-POINTS. Même pause que point-virgule.

, VIRGULE. Pause la moins longue de toutes.

? POINT D'INTERROGATION. Prenez le ton d'interrogateur.

! POINT D'ADMIRATION. Faites sentir l'éton-nement, l'admiration, etc.

Vingt-cinquième Leçon.

LECTURE COURANTE.

LES OISEAUX VOYAGEURS.

L'Hirondelle de fenêtre. — Le Martinet. — L'Hirondelle de rivière. — L'Hirondelle de cheminée.

De tous les oiseaux voyageurs, ceux qui ont le plus vivement excité notre intérêt et l'attention des naturalistes, ce sont les hirondelles. D'un caractère doux, facile, essentiellement social, cet animal ne nous cause aucun dommage, puisqu'il ne touche pas un épi dans nos champs, un fruit dans nos vergers ; il nous est, au contraire, on ne peut plus utile, parce qu'il délivre nos habitations des insectes importuns, dont il fait sa nourriture. Il nous amuse par la gaîté de ses chants du matin et du soir, par l'extrême agilité de son vol, et nous intéresse par ses émigrations régulières, son amour pour ses petits et la sagacité singulière dont il fait preuve dans la construction de son nid. Aussi M. de Montbeillard a-t-il donné l'épithète de *ridicule* à la chasse de l'hirondelle, chasse dont la vanité est, dit-il, le motif, sans qu'il en résulte aucun profit, il n'y a que l'Espagne au monde, où vers la fin de septembre, on

voit des hirondelles en grand nombre au marché,
et l'on a peine à concevoir ce goût singulier pour la
chair de cet oiseau, qui est fort maigre et d'une saveur
peu agréable.

Nous divisons les hirondelles en quatre classes principales : l'*hirondelle de fenêtre*, et celle de *cheminée*,
qui ont entre elles les plus grands rapports; l'*hirondelle de rivière* au plutôt de *rivage*, ainsi appelée parce
qu'elle fait son nid dans le sable et sur le bord de l'eau ;
enfin le *martinet*, la plus grande espèce d'hirondelle
connue, qui construit son nid sur le haut des murailles
les plus élevées, dans les trous des rochers et des ca-
vernes solitaires. Le martinet a quelquefois jusqu'à
quatorze ou quinze pouces d'envergure, il ne fait pas
société et ne voyage pas avec les hirondelles : au contraire, il détruit souvent leurs nids ou bien s'en empare
pour faire sa couvée.

Sans nous arrêter à faire l'histoire de chacune de
ces espèces, nous résumerons en peu de mots les observations qui ont été faites sur les hirondelles, en général
par notre immortel Buffon et par plusieurs autres
naturalistes du premier ordre.

Lorsque les hirondelles ne trouvent plus dans un
pays les insectes qui leur conviennent, elles passent
dans des contrées moins froides, qui leur offrent en
abondance la proie sans laquelle elles ne sauraient
subsister. Celles qui habitent l'Europe partent au mois
d'octobre, et peu de jours après, on les voit arriver
en Afrique, au Sénégal, sur les côtes de l'Egypte,

ou dans d'autres pays méridionaux. Parfois, elles tombent épuisées de fatigue au sein de la mer, ou elles viennent se reposer sur les vaisseaux qu'elles rencontrent sur leur route. L'amiral Wager se trouvant, au printemps, dans le canal de la Manche, vit une épaisse nuée d'hirondelles s'abattre sur son vaisseau, dont elles couvrirent tous les câbles et les agrès. Elles étaient amaigries et paraissaient affamées. Elles repartirent le lendemain, après s'être reposées pendant toute la nuit.

Quand vient le printemps, les hirondelles quittent les contrées méridionales pour revenir en Europe. Il en est cependant qui ne quittent jamais ces climats plus doux. Ainsi dans la partie de la Lybie, où le Nil prend sa source, en Ethiopie, au cap de Bonne-Espérance, on voit des hirondelles pendant toute l'année. Il n'est pas un seul de nos lecteurs qui n'ait remarqué les circonstances qui accompagnent le départ des hirondelles. Elles se rassemblent en troupes nombreuses dans des lieux convenus d'avance, et toujours les mêmes; elles y attendent pendant plusieurs jours, quand souffle un vent contraire qui pourrait les fatiguer dans leur vol et ralentir leur traversée; lorsque le vent vient à changer, elles partent toutes à la fois.

Leur départ a lieu ordinairement pendant la nuit, comme si elles craignaient d'attirer pendant le jour l'attention des oiseaux de proie.

Trente-cinquième leçon *bis.*

PRIÈRES.

Oraison Dominicale.

Notre père qui êtes aux cieux ; que votre nom soit sanctifié; que votre règne arrive, que votre volonté soit faite sur la terre comme au ciel; donnez-nous aujourd'hui notre pain de chaque jour; et pardonnez-nous nos offenses comme nous les pardonnons à ceux qui nous ont offensés, et ne nous abandonnez pas à la tentation, mais délivrez-nous de tout mal. Ainsi soit il.

Salutation Angélique.

Je vous salue, Marie, pleine de grâce, le Seigneur est avec vous; vous êtes bénie entre toutes les femmes et Jésus, le fruit de vos entrailles, est béni.

Sainte Marie, mère de Dieu, priez pour nous, pauvres pêcheurs, maintenant et à l'heure de notre mort. Ainsi soit il.

Symbole des apôtres.

Je crois en Dieu le Père tout-puissant, créateur du ciel et de la terre, et en Jésus-Christ, son fils unique, notre Seigneur, qui a été conçu du Saint-Esprit, est né de la Vierge Marie, a souffert sous Ponce-

Pilate; a été crucifié, est mort et a été enseveli; est descendu aux enfers; le troisième jour est ressuscité des morts; est monté aux cieux; est assis à la droite de Dieu le Père tout-puissant, d'où il viendra juger les vivants et les morts.

Je crois au St-Esprit, à la sainte Eglise catholique, à la communion des saints, à la rémission des péchés, à la résurection de la chair, à la vie éternelle. Ainsi soit-il.

La Confession des péchés.

Je confesse à Dieu tout-puissant, à la bienheureuse Marie toujours vierge, à Saint-Michel archange, à St-Jean-Baptiste, aux apôtres Saint-Pierre et Saint-Paul, à tous les Saints, et à vous, mon père, que j'ai beaucoup péché, par pensées, par paroles et par actions, je m'en sens coupable, je m'en avoue coupable, je m'en reconnais très coupable. C'est pourquoi je supplie la bienheureuse Marie, toujours vierge, Saint-Michel, archange, Saint-Jean-Baptiste, les apôtres Saint-Pierre et Saint-Paul, tous les Saints, et vous mon père, de prier pour moi le Seigneur notre Dieu.

Acte de Contrition.

Mon Dieu, j'ai un grand regret de vous avoir offensé parce que vous êtes infiniment bon, infiniment aimable, et que le péché vous déplaît, je me propose, avec le secours de votre grâce de ne plus vous offenser à l'avenir, et je vous prie de me pardonner par les mérites de Jésus-Christ, notre-Seigneur.

Commandements de Dieu.

1. Un seul Dieu tu adoreras,
   Et aimeras parfaitement.
2. Dieu en vain tu ne jureras,
   Ni autre chose pareillement.
3. Les dimanches tu garderas,
   En servant Dieu dévotement.
4. Père et Mère honoreras,
   Afin que tu vives longuement.
5. Homicide point ne seras,
   De fait ni volontairement.
6. Luxurieux point ne seras,
   De corps ni de consentement.
7. Le bien d'autrui tu ne prendras,
   Ni retiendras à ton escient.
8. Faux témoignage ne diras,
   Ni mentiras aucunement.
9. L'œuvre de la chair ne désireras,
   Qu'en mariage seulement.
10. Les biens d'autrui ne convoiteras,
    Pour les avoir injustement.

Commandements de l'Eglise.

1. Les fêtes tu sanctifieras,
   Qui te sont de commandement.

2. Les dimanches, messe ouïras,
   Et les fêtes pareillement.
3. Tous tes péchés confesseras,
   A tout le moins une fois l'an.
4. Ton créateur tu recevras,
   Au moins à Pâques humblement.
5. Quatre temps, vigile jeûneras,
   Et le Carême entièrement.
6. Vendredi, chair ne mangeras,
   Ni le samedi mêmement.

Vingt-sixième Leçon.

CARACTÈRES D'ÉCRITURES.

ANGLAISE.

A   B   C   D   E   F   G

H   I   J   K   L   M

N   O   P   Q   R   S   T

U   V   X   Y   Z

a b c d e f g h i j k l m

n o p q r s t u v x y z

Si vous avez beaucoup, donnez beaucoup; si vous avez peu, donnez de bon cœur. Plus il vous est difficile d'être vertueux, plus vous méritez si vous l'êtes. La bonne vie n'est jamais sans joie; la conscience coupable n'est jamais sans peine.

Ne jugez point sur les apparences, mais jugez selon la justice; notre loi permet-elle de condamner qui que ce soit sans l'entendre et sans s'être informé auparavant de ses actions!

RONDE.

A B C D E F G H I K
L M N O P Q R S T
U V X Y Z.

a b c d e f g h i j k l m n

o p q r s t u v x y z.

Celui qui est fidèle dans les petites choses
l'est aussi dans les grandes ; et celui qui est
injuste dans les petites choses, sera injuste
dans les plus grandes.

Dieu est notre maître : c'est lui qui
nous a créés, et qui a tiré du néant ce qui
existe, la terre, la mer, les plantes, les
animaux, la lune, le soleil et tous les astres
qui brillent d'une lumière si pure dans une
belle nuit d'hiver.

C'est lui qui a établi l'ordre admirable
qui règne dans cet univers, dont nous ne
connaissons ni les bornes ni l'étendue.

GOTHIQUE.

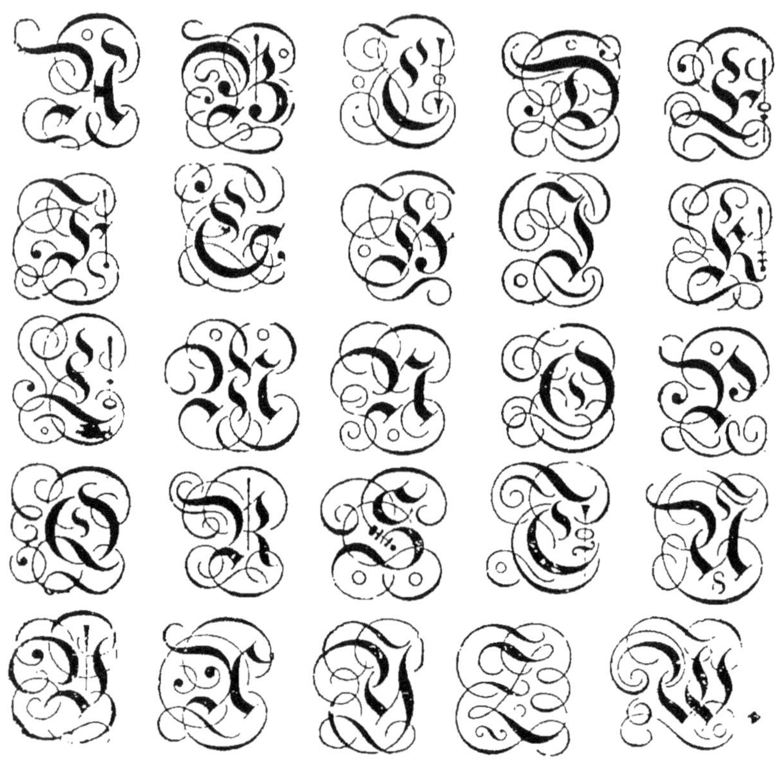

a b c d e f g h i j k l m n o p

q r s t u v x y z.

Ce que vous demanderez par la prière, croyez
que vous l'obtiendrez.

Vingt-septième et dernière Leçon.

N. B. Cette leçon est nécessaire surtout aux enfants qui abandonnent l'école avant d'avoir étudié l'arithmétique, pour apprendre à connaître les numéros de la pagination d'un livre, les numéros des rues, etc., ainsi qu'à faire de mémoire la multiplication des nombres jusqu'à cent.

CHIFFRES ARABES.

0 1 2 3 4 5 6 7 8 9

NUMÉRATION.

10, 11, 12, 13, 14, 15, 16, 17, 18, 19, 20, 30, 40, 50, 60, 70, 80, 90, 100, 200, 300, 400, 500, 600, 700, 800, 900, 1000.

Il est bon de faire observer aux enfants que: pour écrire les nombres compris entre les dizaines exactes, comme, par exemple, entre trente et quarante, il n'y a qu'à remplacer le zéro par l'excédant des dizaines.

EXEMPLE: *trente-neuf,* 30,39; *cinquante-cinq,* 50,55.

TABLE DE MULTIPLICATION.

SENS HORIZONTAL.

1	2	3	4	5	6	7	8	9	10
2	4	6	8	10	12	14	16	18	20
3	6	9	12	15	18	21	24	27	30
4	8	12	16	20	24	28	32	36	40
5	10	15	20	25	30	35	40	45	50
6	12	18	24	30	36	42	48	54	60
7	14	21	28	35	42	49	56	63	70
8	16	24	32	40	48	56	64	72	80
9	18	27	36	45	54	63	72	81	90
10	20	30	40	50	60	70	80	90	100

(SENS VERTICAL.)

Manière de faire usage de cette Table.

Si on a deux nombres à multiplier l'un par l'autre,
on cherche l'un de ces nombres dans la *première bande
verticale* et l'autre dans la *première bande horizontale*,
et l'on descend du nombre de la bande horizontale
jusqu'au nombre placé en face du nombre de la bande
verticale ; ce nombre sera le produit.

Exemple : Veut-on savoir ce que font 5 fois 6 ? Je
cherche 6 dans la bande verticale, puis 5 dans la
bande horizontale, et je descends jusqu'au nombre 30
qui est placé en face du nombre 6. En effet 5 fois 6
font 30, etc.

FIN.

www.ingramcontent.com/pod-product-compliance
Lightning Source LLC
Chambersburg PA
CBHW051608060726
47597CB00004B/1193